Albany Flores Garca, Honduras, 1989. Es autor del poemario *Geografía de la ausencia*, del libro de cuentos *La muerte prodigiosa*, y del ensayo *Academia y Estado: orígenes de la Universidad de Honduras, 1830-1847*. Ha sido becario de la Fundación Gabo para el Nuevo Periodismo Iberoamericano. Ha escrito y colaborado en periódicos y revistas de Centroamérica, Cuba, Brasil, Colombia, Estados Unidos, España, México e Italia. Actualmente colabora en *Frontera D* de Madrid, y escribe una columna mensual sobre literatura e historia en *El Heraldo* de Honduras. Es fundador de la revista cultural *El zángano tuerto* y actual editor de la revista *Caligrama*. Su obra ha sido parcialmente traducida al inglés, italiano y portugués. Es escritor, historiador y cronista.

El árbol hace casa al soñador

Albany Flores Garca

casasola
www.casasolaeditores.com

El árbol hace casa al soñador ©
Albany Flores Garca.
Ilustraciones de Cristian Gavarrete.

Prólogo de Luis Manuel Pérez Boitel.
Diseño de portada de Knny Reyes.
Fotografía de contraportada de Daniela Lozano.

Primera Edición: Washington DC, Casasola editores, 2018.
34 pág. 5 x 8 pulgadas
ISBN-13: 978-1-942369-31-8
ISBN-10: 1-942369-31-X

Casasola LLC ®
1619 1st St NW, Apt C Washington, DC 20001
Apartado postal 2171, Tegucigalpa, Honduras

www.casasolaeditores.com

***

ARBOLARIO DE UNA CASA
DONDE TAMBIÉN SE ESTÁ

En los territorios de la poesía, chinesca es la sombra que nos delata el entreacto, el paso sigiloso por la filigrana, el paisaje. Esa curaduría de asumir mundos lejanos o posibles en el verso nos deja un deseo de reencontrarnos, de existir contra viento y marea. Así nos propone Albany Flores Garca estas parcelas; a manera de arbolario, de casa soñada, de espacio vital para desdibujar otras puertas, otros horizontes.

El tiempo vuelve en estas páginas a la raíz platónica y constantemente nos afianza la casa, la evocación del poeta, el amor supuesto. Cada árbol es un puente sobre otro árbol, y la figuración logra viajar en el tiempo y volver al tiempo recobrado: el árbol es el tiempo recobrado.

Esa magia se nos hace realidad cuando el escriba sabe de tales presunciones. Es necesario que alguien recobre la memoria, nos ilusione, nos convenza de que esta es su casa y no otra, que todo es posible en estos límites, que lo sustancial es soñar.

El poema es entonces la mejor casa para morar en estos tiempos: el poema se hace árbol para escapar del cansancio y juzgar así lo que acontece. El poeta se ha convertido en soñador del viaje que le queda, en un augur de esos horizontes.

La contraposición de un tiempo con otro, visto entre los textos que se sostienen sin título (sólo con una enumeración posible), es también una suerte de divertimento para alcanzar lo sagrado, lo que el poeta reconoce para continuar el camino.

Albany Flores Garca ha logrado, con una sabiduría milenaria, al estilo del autor de *El Profeta* —a quien cita a manera de pórtico—, enmendar ese paisaje para reconocerse como un soñador, como un ente dispuesto al oficio.

No se trata de un arbolario donde el escriba detalla en latín sus conocimientos sobre botánica. No se trata de un poemario más en el espectro de los libros que se publican por doquier. *El árbol hace casa al soñador* nos enjuicia la sed del amanuense, y nos reconstruye el horizonte a manera de casa posible, de sueño para el que edifica tantas verdades juntas.

Luis Manuel Pérez Boitel
(Premio Casa de las Américas)
Isla de Cuba, bajo el interminable verano de 2018

«Si hubiera podido pulsar los días con mis dedos,
sólo en el bosque los hubiera sembrado…».

Gibrán Khalil Gibrán

A mamá.
A Ahoho y Clara.

I

Este libro fue un árbol.
Los inmóviles muebles
donde se hospedan mis libros
también lo son sin saberlo.
Me lo recuerdan cada día
las páginas en blanco
que he tirado sin pudor,
sin sosiego y sin llanto.
Mi vida entera es un árbol;
el cigarrillo que quemo
con un fósforo incendiado,
el techo y las puertas de mi casa;
la ventana que observo
desde un cuarto piso,
la hoja que se aferra
a la rama del San Juan,
el pájaro que anida entre mis manos
y la mesa donde escribo
estos versos de madera.
Este poema será un libro
que fue hecho de un árbol;
cada palabra dicha
es una hoja perdida
que cayó para siempre.

II

Todos mis poemas le nacieron al papel.
A la noche que llueve en la quietud de la tarde,
a la lluvia de casa que hace correr los días,
y a los días de lluvia.
Todas las palabras fueron mías una vez.
Fueron también del silencio.
De la limpia mañana que olvidé
en una puerta
que hace tiempo no toco.
Mis poemas me cuidan
porque yo vivo en ellos,
me pellizcan cuando hablo
y digo demasiado;
me protegen del tiempo
que hace cuando es marzo,
cuando es abril y mayo
y hay poca primavera.
Mis poemas me saben.

III

Nuestros pájaros nos dejarán de nuevo.
Volarán para siempre.
Cerca de la tibia casa que habitamos,
se dirá que son pájaros nuestros
que volaron del nido.
Nuestros pájaros se irán, no volverán jamás.
Y si vuelven, ya no serán los tordos
que te gustaban tanto
ni los faisanes que amaste;
serán pájaros negros perdidos en tus ojos.
Entonces cambiaremos el verde por el blanco,
el amarillo por el blanco
el negro por el blanco
con pájaros blancos
como tu blanca elección.
Así nos quedaremos solos,
sin la blanca elección de nuestros ojos
y sin los pájaros tordos,
que nunca volverán más a tu casa.

IV

Sobre el árbol de los días edificaste la casa.

Los recuerdos se asoman
y tocan
sosegadamente
a las ventanas que aún quedan
de los días azules de la infancia.

La casa no sucumbe en la arena
con el soplo ligero
de las primeras aguas;
no descansa en la roca.

Sobre el árbol de tus días edificaste la casa;
pájaro sol,
árbol hombre.

V

Breve celeridad la del instante.
La del momento exacto
en que el desorientado llega
a un sitio parecido al de sus sueños.
El minuto preciso y eterno
de los que se dicen adiós,
con las manos,
en las puertas vacías
de las casas principales.
El segundo en que los umbrosos paisajes
se muestran a las ciudades
que circundan la costa,
mientras me siento
en la luz
de los atardeceres
con la imagen del día
todavía en las manos.
Y nada sé.
Y sólo sé que esta tarde es ahora,
y que la vida es eterna en este instante.

VI

A: F. Mayes.

El árbol cuida siempre al soñador.
El frío de la noche hace de cómplice.
La lluvia repentina.
La amarga soledad de las olas del puerto:
a nada se abre, y a nada sabe el mar cuando llueve.
El murmurio de los grillos.
El sonido del río a distancia;
el río sabe de tiempo.
El río arrastra piedras que le ha arrancado a la noche,
y a las montañas húmedas de donde viene.
Más allá de las fronteras del país,
de Norte y de Sur,
y de puntos cardinales
que se han vuelto lejanos.
La casa está llena de promesas
como los caminos,
como los cielos crecidos
que el soñador ve desde abajo;
desde el patio de casa que está vecino a la puerta.
La tarde está en el árbol, como el ave,
y el silencio hace sombras sobre el aire.
El árbol y la casa están vacíos,
no tienen soledad, sólo vacío;
y nada recuerdan, o casi nada,
porque con el tiempo se comienza a recordar de
otras maneras;
cosas que no fueron.
La noche está cercana a las orillas,
y el árbol hace casa al soñador.

VII

Para: Ahoho

Te recuerdo los días cada vez que los pierdas,
 cada vez que los tires con sus ropajes viejos,
con sus dolores viejos.
Y te escribo en domingo para que te quedes.
Te dejo quietas las manos
y un papel de pensamientos,
te dejo un sobre en la puerta,
y una nota triste en el congelador.
Te dejo las tardes y los anocheceres,
las sonrisas de antaño;
te dejo el mundo a las puertas
y en un rincón una tregua.
También te dejo mis pasos;
testigos que me asaltan,
vestigios que me llegan desde lejos.
Te dejo primaveras donde sólo haya inviernos,
las lluvias en mayo
para que no llegue octubre
con sus aguaceros.
Te dejo mis versos y mi voz,
y el recuerdo de hace tiempo.
Te dejo los días y mis horas de crepúsculo,
mis noches amanecidas
 y el viejo cajón de las fotografías
que es más tuyo que mío.
Te dejo un silencio, una pausa, un secreto;
y te dejo este abrazo
congelado en el tiempo,
y tal vez un «te quiero»,
por si te hace falta.

VIII

Alguien te llamaba.
No escuché su voz.
Los angostos caminos te rodeaban
desde los andenes,
en los meses en que el frío despierta
y hace ronda en las casas.

La puerta no te reconocía y se cerraba.

Todos te recordábamos
como cuando llegaste a la casa
que te esperaba entreabierta,
decorada de pájaros;
como cuando escribiste tu nombre
con un trozo de crayón
en las paredes familiares,
y aquel poema de Retamar que olvidaste;
que revivió en nuestras flores
cuando llovió en nuestro patio.

Habías cambiado, era cierto.

Pero en las tardes de octubre en que llueve,
nuestra casa, nuestro patio
y nuestras flores,
te lloverán un día
en los ojos.

IX
Llamadas telefónicas a Roberto Bolaño
(Omaggio)

Sobre el auricular, las banderas se encogen
sobre mástiles.
Tu vestido y tus actos me recuerdan a ellas;
aquellas banderas que sabías
y eran todo tu traje.
El teléfono resuena en tus oídos
casi todos los días:
en las vecindades,
en las tristes callecillas azules
de tus viejos países,
de tus nuevos países.
Hay algo en tu voz que no suena,
que no dice nada
de estas mañanas terribles.
Entonces te recordaba
como en los años mejores
de la adolescencia;
con los grandes espejos
en la mitad del rostro,
y el cabello revuelto de revolución.
Te recordaba mal vestido, y enfermo, pero vivo.
Andabas sucio de tiempo entre las multitudes,
solo y aislado de la patria
y de casa.

Te veo lejos ahora,
inventando para todos
otra patria,
y una propia bandera.

X

Para Alberto Lastra

Gibrán, el soñador elegido,
ha pulsado por fin los días con sus dedos.
Ha conocido el mar.
Ha sembrado sus años en los bosques
y en la verde memoria
del tiempo que engrillece
la sien del que sueña
en la casa de su juventud.
Ha arrullado a la noche
que duerme escondida
en los puentes de la madrugada,
ha encontrado la casa de su corazón;
y ha tocado por fin los días con sus dedos.
Gibrán, el soñador elegido.

XI

Las palabras tienen en sus formas
el color y la vida que da signo
a la existencia.
Nacer dentro de ellas
es un canto de esperanza
y una fuerza aterradora.
Las palabras son mundos
donde abundan deseos,
y florece, claro,
el significado de todo.
Las palabras, en sí,
son tan poco
como todo,
quien sabe la distancia
en sus espacios,
sabe la vida.

XII

Un hombre es un pez.
Un pez es un hombre
que no sabe quién es.
En las aguas profundas
del viejo Anaximandro,
un pez es un pez
que algún día será hombre
y un hombre es una rémora
que ha olvidado que es pez.

El pez, es, tal vez,
un solo árbol marino
que se esconde de la red,
que se escurre de los días
que lo habitaron ayer.

Un pez, a la vez,
es un pato anidado en la calma;
y los patos son peces
con plumas gigantes:
son los barcos del agua.

XIII

♣

Al rumor de la lluvia las mariposas se marchan.
Los pescadores se cubren de los soles del día.
Los provincianos se alejan en los días de marzo,
los alacranes se aferran al calor de los techos
en las casas de zinc,
y las cigarras se acercan a las ciudades
y a las tierras sombrías.
El mediodía es fuerte.
El verano inesperado portador de nuevas
nos sorprende en silencio;
nada se mueve sin que venga la tarde.

♣ ♣

Dentro y fuera de los calores del istmo,
las islas aledañas mueven todo lo circundante,
todo ritmo y esencia
de las aproximaciones del hombre
al interior del verano.
Todo se mueve sin sustancia,
sin la mágica oleada
del mar cuando se asusta.
Fuera el viento despeja los amarillos caminos.
El istmo se extiende sobre la frágil cintura de los
continentes,
sobre los mares
de mis amaneceres en los puertos.

♣ ♣ ♣

Lejos de este mar no está la casa.
La casa es vieja y fría
y no despierta sombras
más que en sus *saudades*.
El istmo se rompe en la soledad de su espíritu,
hace ruido de silencios
que nos hablan de siglos,
de mares imborrables,
de tiempos sin edades
alrededor del mundo,
y mágicas criaturas
que hacen señal al centinela.
El istmo son los siglos
que emergen de latitudes,
de las profundidades,
de incontables peligros
y marítimas batallas.

♣ ♣ ♣ ♣

Veo los atardeceres del país
en las proximidades del istmo,
la estación que alberga mis silencios
siempre que retrocedo en el tiempo.
El mar sabe medir la distancia
entre el camino de las islas,
cuando me acerco a una cercana costa
en un lejano oriente,
cuando estoy solo y en paz;
lejos de las cosas del mundo,
y de los hombres.

Mar Pacifico, octubre 2014.

XIV

En la costa más lejana descubrimos un sueño,
noche tras noche, día tras día.
Lo sabíamos bien.
Pero no lo decíamos porque también sabíamos
que nadie está listo para la honestidad,
y que es más fácil perderse que encontrarse.
Pero vivíamos solos en el calor de una isla
que ya en otro tiempo
nos pareció un simple sueño.
Otras tempestades nos trajeron las barcas
de aquel último invierno;
la última noche que esperamos juntos
en la orilla de un mar
que nos colmó de distancia
y nos llevó hasta otro sitio.
Pero había que volver.
Quizá no para conversar
sobre el precipitado vuelo de los Albatros,
pero sí para soñar durante días enteros,
durante noches enteras;
como si fuésemos capaces de subir a la balsa
donde creímos vivir por un tiempo,
donde creímos estar;
donde nos aferramos al sol de nuestros días
por la palpable certeza
de no vivir
como ahora,
para toda la vida.

XV

No hay tiempo:
la casa espera tu regreso.
Las paredes se abrazan y gritan
para olvidar que tus pasos
no atienden su llamado:
la casa espera que vuelvas.
No prolongues tu demora
en ese viaje incesante
que no será para siempre,
porque en el fondo sabes
que no existe una eternidad al fin,
porque has descubierto
que nada es nada
y que la vida no es otra cosa
que una temible batalla
contra la soledad.
Porque no queda nada allí, nadie,
ningún vestigio que te hable del sitio
donde estarás a salvo
en los días ansiados de tu porvenir.
No te tardes,
por favor,
vuelve.

XVI

Deja abiertas las puertas.
El que partió de casa no olvidará el camino.
Deja abiertas las puertas:
es un niño el que vuelve.
Un diminuto niño que fue sólo por un tiempo,
cuando el viajante que vuelve
cobijó su infancia en la amistad de aquel roble
que ya no está en ese paso,
donde antes hubo una piedra.
Un árbol diminuto
que el viajante ha buscado
más allá de la sombra,
y del abrazo extrañado
de la verde casona
—rodeada de buganvillas y de gansos—
donde mamá nunca contó un cuento
ni dio un beso en la frente
a la hora del sueño.
Deja abiertas las puertas
al viajante que espera
una casa que jamás habitó;
porque nunca hubo casa
para el que partió,
y ahora vuelve.

XVII

La casa se rompe en pedazos.
La certeza de no volver a estar desesperado
en el viejo balcón del tercer piso,
esperando llegar hasta la puerta cerrada,
de aquella casa lejana
que se ha quedado más fría.

Una mano que no estará más
sobre el solo llamador de esa puerta,
esperando impaciente
que mi mano la auxilie
y la salve
del tiempo interminable
en los días difíciles.

La casa vacía se va quedando cada vez más sola;
como si no existiera en el mundo
más presencia de lo que no está,
más soledad de lo que se ha vuelto presencia.

En la casa deshabitada
las habitaciones insisten
que no hay nada más qué decir,
excepto un mar de distancia
que se mese en silencio
bajo el rostro ojeroso
y descascarado
de una casa que llora
en silencio,
a oscuras.

Impreso en Estados Unidos por
Casasola LLC
MMXIX

www.ingramcontent.com/pod-product-compliance
Lightning Source LLC
Chambersburg PA
CBHW031542040426
42445CB00010B/667